Pascal Debacque

Suzy la souris

À la ferme de Lisette

Piccolia

Chaque année, Suzy rend visite
à sa tante Lisette. Elle habite une grande
ferme à la campagne loin de la ville,
au milieu des champs.

Voilà Oscar et son gros tracteur !
Il emmène Suzy et tante Lisette.
Suzy s'accroche comme elle peut
pour ne pas tomber.

En arrivant dans la cour
de la ferme, Suzy saute
un peu trop vite...
Splash ! en plein milieu
d'une flaque de boue !

13

Tante Lisette annonce le programme
de la journée : « Ramasser le foin, donner
du grain aux poules, préparer les fromages
de chèvre... Et ramener des œufs frais
pour le gâteau au chocolat ! »

Il fait sombre dans le poulailler...
Les poules sont endormies sur leur nid.
Pas très rassurée, Suzy décide
de revenir plus tard.

Une drôle d'odeur vient chatouiller
les narines de Suzy.
C'est l'enclos des cochons !
En passant la barrière, Suzy glisse
dans la gadoue...

Suzy est un peu vexée.
Elle boude et va s'asseoir
pour faire sécher son pantalon.
Les chevreaux viennent lui rendre
visite... et Suzy est vite consolée !

Avec leur laine sur le dos, les moutons
ressemblent à des nuages.
Suzy les imagine de toutes les couleurs,
comme le pull-over qu'elle mettra cet hiver.

Voici la famille des canards revenant
d'une petite baignade dans la mare...
Quand ils marchent, ils se dandinent !
Pour s'amuser, Suzy les imite en les suivant.

548 XD 76

Suzy arrive devant l'étable des vaches.
Elle se demande si elle aimera ce lait chaud
et crémeux.

Tout à coup, Suzy se souvient d'une
de ses missions : les œufs de tante Lisette !
Retour au poulailler... Attention, surtout
ne pas réveiller les poules...

Suzy avance sans bruit, sur la pointe des pieds...
Ouf ! tout s'est bien passé.

Suzy est fière d'avoir réussi !
Mais trop pressée de rentrer, elle est tombée.
Oh non ! tous les œufs sont cassés !
C'est raté pour le gâteau du goûter.

Crois-tu qu'elle va se faire gronder ?